AF315173

De l'Ordre

DANS LA RÉPUBLIQUE

PAR

Anselme Petetin

—◦◦◦—

A M. le Maréchal BUGEAUD D'ISLY

❖

Première Partie.

❖

LYON , CHANOINE, IMPRIMEUR

18, place de la Charité

—

1849

AVANT-PROPOS.

—

La France est, en ce moment, possédée d'une passion qui, pour
la violence, ne peut se comparer qu'à sa passion révolutionnaire
de 1789.

C'est la passion de l'Ordre.

Comment s'en étonner !

Tombée brusquement sous un régime dont le nom seul, depuis
cinquante ans, était pour elle un objet d'effroi, elle se vit ou se crut
soumise à un parti qui rattachait lui-même sa tradition aux plus
sanglants souvenirs de notre histoire ; — qui ne professait d'autre
doctrine que celle de la force ; — d'autre morale que la souveraineté de son caprice révolutionnaire.

Un admirable élan des forces productrices du pays, exagéré et
faussé dans sa direction, avait créé une immense richesse mobi-
lière, fondée tout entière sur le crédit. — La révolution venait
abattre ces capitaux fictifs, suspendus en l'air, pour ainsi dire, et
non encore réalisés sur le sol ; et causer des ruines innombra-
bles.

A l'abri du gigantesque agiotage, auquel s'était livré, sur cette
richesse artificielle, le monde politique et financier, qui se serrait
autour de la royauté, et comme pour en faire la contre-partie, des
théories, les unes absurdes, les autres perverses, étaient nées, qui,
toutes, tendaient uniformément à donner à la richesse une autre
source que le travail et la tempérance. — Ces théories, que le tapage

misérable des disputes parlementaires et l'aveugle vanité de ceux qui les entretenaient, n'avaient pas permis d'apercevoir, éclatèrent avec une menaçante arrogance au milieu même de la révolution politique. Elles vinrent paralyser, par la frayeur, ce qui restait à la nation de forces actives.

Et à quelle espérance se rattacher, quel idéal d'ordre concevoir au milieu de cet immense désordre?

L'ordre monarchique était démontré impossible par cette troisième et dernière expérience.

Et où était la notion de l'ordre républicain? qui l'avait conçue clairement? qui l'avait propagée?

Était-ce l'école Jacobine? Etait-ce dans cette incessante apologie des lâches violences de la force, dans cette perpétuelle prédication du despotisme révolutionnaire, que la nation aurait trouvé la foi dans ses destinées démocratiques; aurait reconnu les conditions d'harmonie, de liberté paisible et féconde, qui pouvaient seules, dans le présent et l'avenir, unir toutes les pensées, concilier tous les intérêts de sa civilisation compliquée; perfectionner en elle la justice sociale; développer et agrandir son rôle dans le monde?

Ainsi, au milieu de la désorganisation universelle, pressée entre un passé impossible et un avenir odieux; sans perspective, soit qu'elle se tournât en arrière, soit qu'elle regardât en avant, la France fut saisie d'une profonde angoisse.

Quand un homme est poussé par le malheur dans une de ces situations extrêmes, il n'est pas loin du suicide.— Or, les nations, non plus que l'individu, ne peuvent vivre si l'air de la vie morale leur manque, si elles n'ont devant elles l'avenir et l'espérance.

Elles n'ont pas le remède désespéré du suicide. Mais elles en approchent tant qu'elles peuvent. Elles se jettent aveuglément dans quelque défilé sans issue, loin de la tradition de leur passé; loin de la route naturelle de leur avenir; défilé d'où elles ne peuvent plus se dégager et sortir qu'en revenant sur elles-mêmes, au milieu d'une mêlée affreuse, où toute hiérarchie régulière périt, où se déchaînent et dominent tous les instincts mauvais, et que rien ne peut plus, à la fin, discipliner que le bras brutal du despotisme.

Nous en sommes là, ou à peu près.

Comment donc, encore une fois, être surpris que la France cherche avec anxiété la loi de l'Ordre, d'un ordre quelconque? Comment même s'étonner que, dans son trouble, elle la cherche où elle n'est pas?

Qui oserait se flatter d'indiquer à la France la voie qu'elle doit prendre?

Mais à défaut de cette parole de salut que nul ne peut espérer de trouver et de lui dire, chacun, du moins, lui doit une parole sincère.

Honte à quiconque, spéculant sur cette noble passion de l'Ordre, tenterait de l'égarer par d'hypocrites déclamations, de l'exalter par de dangereuses colères!

Honte à celui qui ne verrait qu'un parti à exploiter dans ce généreux peuple, cherchant périlleusement sa route à travers la tempête, et essaierait de l'aveugler pour le profit d'une ambition misérable!

Si celui qui s'efforce de s'élever par les passions mauvaises mérite la réprobation, y a-t-il un assez flétrissant mépris pour quiconque, en vue de basses ambitions, s'attache à dépraver les saines, les honnêtes passions du peuple! A détruire cette suprême garantie, à couper cette ancre dernière de la société en perdition!

Que cette honte, que ce mépris tombe sur moi, si j'écris un mot qui soit une flatterie adressée à la popularité d'en haut ou d'en bas!

Et qu'ai-je à dire, d'ailleurs, que je n'aie mille fois, en toute occasion, répété depuis dix-huit ans! Ces obscurs écrits, jetés, au hasard de chaque jour, dans la hâte d'une vie laborieuse, s'ils sont restés trop ignorés pour me servir de titres devant l'intelligence publique, me servent au moins de témoignage devant ma propre conscience!

Cette impartialité, cet amour passionné de l'équité, ce dédain des consignes de partis, qui m'ont isolé d'eux tous et m'ont laissé sans appui, a du moins, et par compensation, cet avantage de donner une clairvoyance que n'ont point ceux qui s'engagent à ne regarder que par les yeux d'une coterie, à ne parler que dans le sens de ses haines ou de ses prédilections.

N'ai-je pas, de tout temps, dénoncé à la conscience du pays, avec une obstination que n'a pu lasser l'inattention des partis absorbés dans leurs misérables querelles, cette doctrine jacobine de la force, arsenàl commun de toutes les prétentions sans droit, de toutes les passions sans intelligence?

Vous y alliez sans cesse chercher vos armes, vous, Pouvoir; — vous, partis parlementaires; — vous, hommes de la presse! Vous y alliez tous; comme les sectes insurrectionnelles! Et vous vous étonnez de ne trouver dans le peuple qu'une insuffisante notion du droit pacifique!

L'*Égalité représentative*, le suffrage universel, était le seul obstacle qu'on pût opposer à cette dangereuse dépravation de l'esprit populaire, à ce perpétuel complot des minorités : vous le voyez aujourd'hui; vous le croyez, ou du moins vous le dites.—Je l'ai toujours cru, je l'ai toujours dit. Je le dirai encore, quand bientôt cette institution de salut vous deviendra gênante!

N'ai-je pas infatigablement signalé la puérile tyrannie de ces lois de septembre, qui s'attachait à poursuivre avec acharnement des fantômes de délits dynastiques ou anti-dynastiques, tandis que la société, sans défense, s'infectait de ces théories funestes dont vous commencez à vous effrayer *aujourd'hui;* — qu'aujourd'hui seulement vous entreprenez de combattre par la seule arme puissante, la discussion? (1)

(1) « Aujourd'hui même, tandis que vous vous attaquez à quelque argu-
« mentation mal sonnante de l'opposition dynastique ou anti-dynastique,
« vous regardez, sans vous émouvoir, passer tranquillement et s'infiltrer
« dans la jeunesse des théories dont la société sentira plus tard la ter-
« rible puissance.

« Comment les arrêteriez-vous, en effet? Auquel de vos procureurs ou
« de vos gardes-des-sceaux confieriez-vous le soin de chercher le poison
« caché sous l'enveloppe philosophique? Et quand vous posséderiez ce
« magistrat métaphysicien, à quels jurés soumettriez-vous le procès?
« Est-ce à quelque chambre de vieux généraux et de vieux préfets que
« vous porteriez ces crimes de lèse-société? Ils n'y verraient qu'une prose
« mal digérée, ou d'inintelligibles amphigouris.

« Concluons : la pensée dans son germe, dans son essence, dans sa vie,
« n'est tangible que pour la pensée : elle échappe toujours à la force ma-
« térielle; lorsqu'elle s'est développée, il n'est plus temps de l'arrêter :
« vous vous fatiguez à couper un de ses rameaux quand elle a déjà pro-
« duit une forêt.

Quand vous êtes entrés dans ce système de marchandage parlementaire et électoral, qui se résumait à vendre l'administration et la fortune du pays pour qu'on abandonnât la politique à la dynastie, n'était-il pas aisé de vous montrer, comme je l'ai fait, que la démoralisation ne s'arrêterait pas à la classe électorale et qu'elle préparait ailleurs de profondes et terribles conséquences.

Enfin, quand vous avez entrepris cette imprudente campagne des banquets, était-il difficile de vous avertir, comme je l'ai fait, que le moment était mal choisi pour pousser à bout une si futile et si dangereuse querelle ? — que vous *commenciez une entreprise plus forte que vous ; que vous alliez sinon aux abymes, du moins, et certainement au plus obscur inconnu ?*

J'ai plaidé, avant son heure, la cause de la république du droit commun, de l'équité, de la paix ; — je l'ai plaidée contre le parti républicain, plus encore peut-être que contre la monarchie qui ne pouvait pas grand chose sur cet inévitable avenir.

Aujourd'hui la France en est arrivée à ces institutions où l'Autorité, comme la Liberté, trouvent leur garantie beaucoup mieux que sous tout autre forme de gouvernement.

Mon but est de le prouver. Mon but est d'indiquer, telles que je les vois, les conditions générales de cet Ordre républicain, que ce qui s'appelait le parti républicain n'a pas su faire comprendre au pays, car il ne les comprenait pas lui-même, et son inspiration habituelle y était hostile.

Et que fallait-il pour se donner cette clairvoyance dont j'accuse les partis d'avoir manqué? Non pas la supériorité, mais l'indépendance et l'impartialité de l'esprit.

Cette impartialité, on me permettra de chercher à la démontrer en en citant, dans l'occasion, les preuves.

.C'est aujourd'hui mon seul titre à demander d'être écouté.

Les partis ne me l'ont pas pardonnée ; ils m'en gardent, à l'humble rang où je suis, une fidèle rancune, soigneuse à saisir toutes les occasions de s'exercer. Pourquoi ne m'efforcerais-je pas de trouver à leurs petites haines une compensation dans la grande justice de l'opinion ?

« Dans un siècle on rira, si l'on sait alors que ces choses-là étaient « encore discutées parmi nous. Nous nous moquons bien, nous, des con- « versions par les dragonades. Et que faisons-nous aujourd'hui ?

« Laissez donc discuter ; faites discuter même : le salut de l'avenir est là.»

(*Programme d'un journal radical*, par Anselme Petetin, janvier 1837.)

Enfin, s'il me faut une excuse, je l'emprunterai aux circonstances.

Le scrutin national va s'ouvrir.

Quand on brigue l'honneur du suffrage populaire, n'est-il pas permis, n'est-ce pas un devoir de se montrer ce qu'on est?

Et non-seulement ce qu'on est, mais ce qu'on a été dans le passé, indice de l'avenir ?

Ce que le public littéraire ne daignerait pas parcourir, le peuple électoral le lira peut-être par devoir.

ANSELME PETETIN.

DE L'ORDRE

DANS LA RÉPUBLIQUE.

I.

Le parti *conservateur* de la monarchie (et qui l'a si
bien conservée) gémissait habituellement de l'obstination des factions à discuter les questions *politiques*,
les thèses de principes plutôt que les questions d'affaires.

Sa plainte était vaine, car la nature des choses est
implacable. Là où l'esprit aperçoit une fiction, c'est-à-
dire un mensonge, il ira sans repos pour sonder le
nuage et rétablir la vérité.

Tant que la Constitution contenait ces fictions qui
en faisaient l'essence, il était naturel et inévitable
que les partis s'acharnassent à discuter les thèses
abstraites du pouvoir et de la souveraineté.

Le suffrage universel a ce suprême mérite de faire

tomber toutes ces querelles et toutes les passions qu'elles engendraient. Le souverain incontestable est constitué. Il est le droit, il est la force.

Il semble qu'il n'y ait plus qu'à administrer sa volonté , qu'à régler les affaires générales, à rentrer précisément dans le programme que le parti conservateur posait sous la monarchie.

Comment donc se fait-il que ce soient les débris de ce parti qui tentent de rengager , sous toutes les formes , les stériles et irritants débats de la politique théorique ?

A la vérité, on s'y prend d'une façon très-indirecte et très-subtile ! On répète à tout propos : « Oublions « que nous sommes légitimistes ; — oublions que « nous sommes orléanistes. — Notre raison n'admet « pas la République, c'est-à-dire le souverain con- « tenu dans le suffrage universel : mais nous voulons « bien, *quant à présent*, ne nous point insurger con- « tre lui. *Unissons-nous* aujourd'hui , pour agir , « lorsque le moment sera venu, contre ce souverain « nouveau, le seul que nous ne saurions admettre « comme *sérieux*, etc. »

Il est évident que l'opinion ne peut entendre ces sincères protestations qu'avec une profonde sécurité ! Il est clair que ceux qui les font adhèrent cordialement à la République et sont fort disposés à en tirer tous les éléments d'ordre et de paix qu'elle renferme !

Triste et funeste obstination de gens qui ont tout risqué et tout perdu à cet insipide jeu des fictions parlementaires ! Qui ont passé dix-huit ans à tourner et retourner une couche superficielle de la bourgeoisie, sans pénétrer jamais ni au fond des partis, ni au fond des populations !

Ils croient que la République est le fruit du hasard, parce qu'une surprise l'a faite éclore ! Ils croient qu'un hasard peut emporter ce que le hasard leur semble avoir apporté !

Laissons les récriminations. Ne cherchons pas à prouver que la monarchie avait en elle les causes nécessaires de sa chute. N'essayons pas de justifier la Providence, et supposons-la condamnée par cette immuable sagesse des conseillers de la Monarchie.

Eh bien ! quand il en serait ainsi, le fait accompli n'en serait pas moins irrévocable. Tenter de réagir contre lui n'en serait pas moins une souveraine imprudence.

La révolution de février n'a pas, jusqu'ici, produit beaucoup d'idées nouvelles. Mais ce qu'elle a fait incontestablement, c'est de briser dans les campagnes, encore plus peut-être que dans les villes, tous les liens de la hiérarchie sociale des influences ; tous les patronages de localité et de voisinage.—Vous en avez vu un exemple au 10 décembre : vous en verrez bien d'autres.

Il y a pour les peuples , comme pour les individus, des époques climatériques. Ce n'est pas le 24 février que la France s'est faite républicaine : c'est le 23 avril, c'est le 24 juin, c'est le 10 décembre ; ce va être encore le 13 mai. De nouvelles habitudes se sont créées ; une nouvelle végétation politique s'est développée : vous ne l'arrêterez plus.

Les partis s'en sont emparés : les journaux s'impriment à des nombres fabuleux ; les réunions, les banquets se multiplient et passent dans les mœurs ; les exercices périodiques de l'électorat, renouvelleront sans cesse et partout les sujets et les occasions de la discussion politique.— Si vous ne voulez pas franchement accepter, propager l'esprit républicain de liberté, les partis sauront y substituer l'esprit d'indiscipline. Ils ont pour cela mille instruments nouveaux et irrésistibles.

Je veux encore négliger les difficultés et les obstacles que rencontreraient, au centre, la restauration du passé monarchique, pour ne considérer que les campagnes, où les hommes de ce passé se promettent un facile triomphe.

Quiconque a vu les campagnes depuis un an, affirmera que l'administration monarchique y serait désormais impossible. On n'y en souffrirait ni les formes, ni surtout les frais.— Les prochaines élections vous apprendront, à l'occasion des votes sur l'impôt du sel, comment se perd ou s'acquiert aujourd'hui la popularité.

Sans doute les mauvais enseignements des partis, de tous les partis, ont rendu difficile cette éducation politique des masses. Mais si difficile qu'elle soit, vous êtes condamnés à l'accomplir, et à l'accomplir dès à présent. Reculer devant cette tâche, se réfugier dans quelque régime bâtard pour y échapper encore quelque temps, le pût-on, ce serait une lâcheté périlleuse ; car il faudrait toujours y revenir ; et on n'y reviendrait peut-être qu'au travers d'une profonde désorganisation.

Non, bien loin d'équivoquer, d'escobarder; la seule voie sûre, comme la seule courageuse et loyale, c'est de placer au plus tôt, le plus clairement, le plus visiblement possible, les masses sous la pression de leur propre responsabilité; — c'est de leur laisser enseigner par les faits les résultats des bons et des mauvais votes.

Là où il n'y a plus confiance, il faut la responsabilité.

Vos sanglots sur l'Ordre admirable du passé peuvent être d'une grande beauté rhétorique; mais le paysan est peu sentimental. Ne croyez pas que désormais on le puisse gouverner sans lui rendre compte; sans qu'il porte un œil jaloux, défiant, presque un œil de révolte sur l'action politique. Ayez un Roi ou un Président: peu lui importe; il vous contraindra bien à l'administrer en républicain.

La hiérarchie des influences est rompue. Il faut le répéter, car c'est là le fait capital et, en même temps, le fait incontestable.

A moins donc d'avoir toujours pour roi un homme de génie, qui, par la force de sa volonté, la grandeur et la supériorité populaire de son administration, sache conquérir l'influence directe et immédiate sur les masses, comment maintiendrez-vous une monarchie? Le sentiment populaire ferait, à chaque incident, peser sur votre monarque une si terrible responsabilité, que nous vivrions en état de permanente révolution.

Je sais trop que les partis sont incorrigibles. Je sais que le parti révolutionnaire, malgré l'éclatante leçon qu'il vient de recevoir de son insuffisance, n'en reste pas moins convaincu que la conspiration est le suprême moyen d'obtenir le succès ; — la force, le moyen suprême de le consolider.

Je sais aussi que le parti qui, depuis 1814, s'acharne à acclimater chez nous, contre le sens et l'instinct national, le système représentatif de l'Angleterre, ne renonce pas à relever ce rocher de Sysiphe qu'il soulève et roule infatigablement, quoiqu'il ait, tout récemment, écrasé, ou à peu près, lui et nous.

Pour échapper aux conséquences républicaines du suffrage universel, ce parti se flatte de créer certains rouages interposés qui dissimuleraient le jeu de la machine, et feraient disparaître cet instinct de la responsabilité qui vient d'entrer dans l'âme du peuple. M. Guizot lui envoie de Londres ce précieux conseil, et il faut s'attendre qu'on essaiera de le mettre en pratique.

On en peut aussi prédire déjà les résultats.

Dans une société où (comme M. Guizot lui-même le constate avec grand soin) toutes les distinctions sociales ont disparu, sauf une, celle de la richesse, à quoi donc se réduira cette classification organique de ce qu'il appelle *les diversités?*

Si bien dissimulée qu'elle pût être, ce ne serait rien autre chose que l'ordre de bataille des riches et des pauvres.

Ce serait la combinaison la plus ingénieuse des éléments de ce conflit effroyable que le suffrage universel aurait pour but de dissoudre ; — que la République seule a puissance de dissoudre.

Mais que peut le raisonnement, que peut l'évidence même sur ces conspirateurs obstinés de la ruse et de la force ?

Puisque les foudroyantes corrections qu'ils ont reçues de la Providence ne les ont pas convertis à la sincérité, à la confiance dans le droit, qu'y pourraient des paroles ?

Les uns par leur défaite, les autres par l'issue de leur victoire de février, devraient savoir à quoi aboutissent les tactiques, les combinaisons factices, les corruptions ou les compressions exercées sur la conscience générale.

Non ! Ni les uns ni les autres n'ont rien appris ni rien oublié. Ils resteront avec leur machiavélisme de gouvernement et leur machiavélisme d'opposition, ce qu'ils ont été toujours : — capables de troubler, d'agiter la société ; — incapables de la diriger !

II.

Mais la France est de force à se diriger, à se sauver elle-même, si elle peut se maintenir quelque temps, contre leurs subterfuges et leurs violences, dans ses institutions nouvelles, source de stabilité, source de raison, d'ordre, d'autorité.

Tout le monde aujourd'hui étonné semble rendre le même hommage au suffrage universel. On va même si loin, que déjà, par ces flagorneries qui ne manquent jamais au principe régnant, déjà les partis ont commencé à pervertir ce nouveau maître.

Pour moi, je n'ai point éprouvé cette surprise. Je n'avais pas attendu 1848 pour reconnaître quels sérieux et puissants éléments d'ordre renfermait le suffrage universel (1).

(1) L'erreur ou la clairvoyance sur ce point est, à mes yeux, d'une telle importance ; voir et avoir toujours vu juste sur cette question capitale me paraît un tel titre d'autorité, que je ne puis me refuser à moi-même de citer encore quelques lignes qui datent de loin et qui prouvent avec quelle netteté j'avais prévu le premier usage qu'à 15 ans de distance, la France ferait du suffrage universel et les garanties qu'il donnerait à l'ordre.

En 1833, une discussion s'était engagée, sur la question des deux chambres, entre le *National*, alors rédigé par Armand Carrel, et le *Précurseur* de Lyon, que je dirigeais. Carrel, préoccupé des risques que le suffrage universel pouvait faire courir au principe de la propriété, voulait deux chambres, et l'une des deux formée par un cens électoral et d'éligibilité, comme *place de sû-*

J'avoue même que je lui aurais voulu un autre mode d'application : deux degrés, non pas, certes, pour établir par l'un ou par l'autre degré des distinctions et des classifications politiques ; — tout au contraire, deux degrés sans aucune condition artificielle de cens ni à l'un ni à l'autre, afin de mêler encore plus, de fondre encore mieux toutes les diversités fictives, afin de ne laisser aucun prétexte à ces catégories de richesse et de pauvreté qui sont le grand, le seul danger de l'avenir.

reté pour la propriété.—Je voulais deux chambres aussi, distinctes par les conditions d'âge, de durée, etc., mais toutes deux indépendantes des conditions de cens.

« Qu'on se figure, écrivais-je, des élections ayant lieu demain
« par le suffrage universel. La majorité des députés serait-elle pro-
« priétaire ou prolétaire? Nous disons plus, la majorité ne serait-
« elle pas composée d'hommes riches ?

« Pour répondre à cette question, il suffit de calculer l'énorme
« disproportion de la population des campagnes et des petites
« villes, et de la population des grandes cités industrieuses. *Nous*
« *osons affirmer que Paris et quinze ou vingt villes de second et de*
« *troisième ordre donneraient seules des nominations prolétaires ;*
« et, certes, ce ne serait pas sans y adjoindre un alliage considé-
« rable d'hommes riches et d'intérêts propriétaires. »

(Précurseur du 4 février 1835.)

Plus tard, quand la monarchie de juillet se fût définitivement engagée dans une voie qui, aux yeux de tout homme prévoyant, devait aboutir inévitablement à sa perte, je revins, avec plus de soin encore, sur ce sujet pour démontrer quelles ressources le suffrage universel renfermait contre des dangers prochains. — Je crois devoir citer une partie de ce travail (publié dans la *Revue indépendante* d'avril 1843). Mais l'étendue de cet extrait m'engage à le placer en note distincte à la fin de cet écrit.

M. Guizot est socialiste, le plus absolu et le plus dangereux des socialistes.

Qu'on ne voie point là une fade ironie.

Les prétendus conservateurs, et M. Guizot surtout, ont sanctionné mille fois, de leur adhésion et de leur exemple, l'exécrable doctrine de la *nécessité*, la maxime, jacobine par excellence, que la fin *justifie les moyens*. En refusant persévéramment de donner à l'Ordre une base de droit, en le fondant sur un arbitraire misérable, ils ont longtemps rendu la société complice de cette odieuse morale, et la lui ont fait pratiquer contre ses ennemis ou les leurs. Ils étaient les plus dangereux des Jacobins.

Aujourd'hui les voilà prêts à imiter les socialistes dans leur travail de refonte sur les éléments sociaux.

M. Guizot ne refusait pas autrefois d'avouer que sa doctrine était identiquement celle de Robespierre; il ajoutait seulement que Robespierre l'appliquait dans un sens mauvais, anti-social; et que lui, Guizot, s'en servait pour un but légitime.

Aujourd'hui, je ne doute pas qu'il n'accepte aussi l'identité de sa doctrine avec les socialistes, sauf la réserve du but.

C'est, également, de part et d'autre, cette prétention de refaire, de combiner, de dissoudre, de réorganiser les éléments sociaux ; — c'est, de part et d'autre, une sorte de chimie politique et économique, qui usurpe sur Dieu, abaisse et insulte la nature humaine, la liberté humaine, la conscience humaine.

Je ne veux pas, certes, prêcher le fatalisme politique, ni l'oisiveté des gouvernements. Mais je dis que toutes ces tentatives gigantesques sur la végétation sociale sont puériles, dans un sens comme dans l'autre.

Je dis que la sève de cette végétation est hors de la portée des partis et même des gouvernements, même des plus puissants et des plus absolus. Je dis que les coups de main des partis, tout comme les combinaisons matérielles et mécaniques des gouvernements, n'arrivent jamais à diriger cette sève arbitrairement.

L'idée, l'idée seule la conduit et la pousse dans les mille veines de l'organisme social.

C'est par l'idée, c'est par les convictions générales que vous établirez, d'abord l'Ordre dans le présent, et la loi du progrès dans l'avenir.

Si, donc, votre idéal de l'ordre et du progrès est faux ;—ou si, ce qui serait pire, il est nul ou contradictoire, toutes vos tentatives pour créer un grand parti de l'Ordre sont et resteront vaines.

Or, pour me convaincre que votre idée est fausse, qu'ai-je besoin d'argumenter ? — Je n'ai qu'à prendre votre propre programme.

Oui, elle est fausse, car vous ne croyez pas à la liberté ; vous ne croyez qu'à la force, à la compression, aujourd'hui comme toujours.

Elle est fausse aujourd'hui encore plus qu'au 24 Février ; beaucoup plus fausse, car la liberté a conquis de redoutables armes et votre conspiration triomphât-elle par une surprise, son règne ne durerait pas plus que celui des vainqueurs de Février, qui, eux aussi, et avec bien plus de chances de succès, appuyaient leur idéal sur la force.

Sont-ce les hommes d'Etat de la monarchie, habitués à ne se préoccuper de l'Ordre, qu'au point de vue de l'intérêt spécial de la royauté ? à se défier de tous les libres mouvements du peuple ? à voir un danger dans toute action qu'ils n'avaient pas préparée ? à ne laisser respirer la France que par la permission et, pour ainsi dire, par les poumons de la police ?

Cette nation, cherchant ses mœurs nouvelles, sous ses nouvelles institutions, sera donc longtemps pénible à gouverner. Si, à chaque pierre du chemin, le parti *conservateur* jette des cris de mauvaise humeur ou de mauvaise foi ; s'il est sans cesse tenté de pousser tout au pire, et de renverser le char dans le fossé, nous ne sommes pas près d'arriver à la paix et à l'ordre.

Ce qui nous donnera le plus promptement, le plus sûrement, l'ordre et la paix, c'est une résignation éclairée et résolue aux inconvénients de la liberté.

Les partis et les gouvernants se sont mutuellement enseigné l'intolérance. A chaque gêne produite par l'une ou l'autre des libertés les plus vitales, tout le monde se récrie : *Le gouvernement est impossible,* on ne peut vivre ainsi ; il faut supprimer aujourd'hui cette liberté ; demain ce sera telle autre. Aucune bientôt ne resterait, et la République ne nous aurait donné qu'une effroyable compression, tempérée par des explosions presque périodiques.

Persuadons-nous d'abord, que le remède aux excès de la liberté, sous un régime républicain surtout, se trouve dans les mœurs publiques, dans la répression continue qu'elles exercent.

Mais ces excès dussent-ils durer, il faudrait encore s'y résigner, car, si nous les trouvons sous de certaines formes dans le régime républicain, nous les retrouverions, et même nous les avons trouvés, avec d'autres formes, sous le régime monarchique.

Ce qui, sous la République, sera violence de presse, tapage de clubs, était, et serait encore, sous la monarchie, complots et conspirations.

Mais, comme c'est ici la question la plus délicate, ou du moins la plus immédiate de l'Ordre républicain, je ne veux pas m'en tenir à cette expression de ma pensée, qu'on jugerait peut-être vague et banale.

J'insiste, et je dis que ce mal a une cause, organique, matériellement inévitable, certaine, que la Monarchie pas plus que la République n'est capable de supprimer. J'ajoute même que la Monarchie est moins propre que la République à l'atténuer et à en affaiblir les effets.

Qui de nous n'a pas, dans la vie privée, rencontré des esprits faux, des tempéraments violents ? Qui n'a pas chaque jour à lutter contre quelqu'une de ces natures perverses ou extrêmes ?— Or, si elles existent dans la sphère privée, où le bon sens est si puissamment sollicité par l'intérêt individuel, à plus forte raison doivent-elles se manifester dans les régions de la politique, où tout est si vague et si incertain.—Elles s'y prononcent donc ; elles s'y prononcent nécessairement, sous tous les régimes et sous toutes les formes.

Il n'y aurait qu'un moyen de s'en débarrasser : ce serait de massacrer, effectivement, physiquement, toutes ces natures incommodes.

Le voulez-vous? le pourriez-vous ? — La monarchie le voudrait-elle? le pourrait-elle?

Si ce massacre, sans cesse renouvelé, est impossible, résignez-vous donc; car, aussi longtemps qu'elles vivront, tenez pour certain qu'elles vivront à leur façon, c'est-à-dire comme des intelligences fausses et des caractères inquiets et turbulents.

La République et la liberté, qui est sa condition essentielle, auront au moins ce grand avantage de mettre ces natures importunes sous la discipline du bon sens universel. L'opinion sera bientôt blasée par elles, et ne prêtera pas longtemps attention à leurs efforts pour l'attirer. Elle les laissera dans l'impuissance de leur isolement.

Ce raisonnement vous semble-t-il peu rassurant?

Essayez la marche contraire.

D'abord, vous serez contraints d'écrire la loi, toute la loi, d'organiser l'administration, la police en vue de ces natures exceptionnelles. Dure condition pour les honnêtes gens et les hommes de bon sens!

Et puis, vos lois seront violées. C'est la vocation de ces natures exorbitantes : elles n'y manqueront pas.

Que ferez-vous? —Vous vous mettrez, sur tous les points du pays, à la poursuite de cette armée de délinquants; vous y emploierez votre administration tout entière; vous y consacrerez tout votre temps, toutes vos préoccupations.

Mais, pendant cette chasse obstinée, qui dirigera le gouvernement du pays? qui prendra soin de ses intérêts réguliers, légitimes, en un mot, de l'objet capital du gouvernement? (1)

(1) Je ne crois pas devoir examiner si les prétendues répressions exercées en violation du droit ne servent pas le principe, bon ou

Un homme possède un champ, rempli de ronces et de broussailles ; — et, comme toujours, les broussailles et les ronces contiennent des reptiles, des insectes, toute sorte d'animaux immondes et malfaisants.

Au lieu de détruire les ronces, au lieu de défricher son champ, de le mettre en saine culture, cet homme passe ses journées à la chasse de ces bêtes odieuses ; — ses journées et ses nuits. Il ne dort pas, il ne mange plus ; il se consume à ce labeur impuissant. Il meurt enfin à la peine, et ses ennemis, plus nombreux qu'avant sa vaine entreprise, viennent faire leur proie de son cadavre.

Cet homme, c'est vous, gouvernement républicain ; — c'est vous, amis aveugles de l'Ordre ; et ce champ, c'est la France.

Faites donc que la France vive saine et robuste dans ses conditions normales et dans ses intérêts légitimes. Quand elle sera bien administrée, les factieux, les mécontents, les esprits, les caractères indisciplinables, ne pourront pas grand'chose, et seront même fort en peine de perpétuer leur espèce.

Que les ateliers soient actifs, les clubs chômeront.

Les Anglais n'ont pas, individuellement, le tempé-

mauvais, contre lequelle elles sont dirigées. — C'est un point qui a été traité récemment, avec une grande supériorité, par M. Emile de Girardin. Encore une fois (et c'est la seconde depuis le 24 février) cet écrivain est le républicain le plus net, le plus vrai de la presse entière. Le principe qu'il soutient est le principe de la République même ; et il le soutient avec une fécondité de vues, une sûreté d'argumentation, un suprême bon sens qui prouvent que la passion de l'idée donne une verve aussi puissante pour le bien que celle qu'inspire pour le mal la passion personnelle.

rament plus modéré et les habitudes plus réservées que la population de nos villes; les misères ne sont certes pas moins grandes chez eux que chez nous; les différences et les injustices sociales y sont bien autrement blessantes pour l'orgueil populaire, bien autrement cruelles et injurieuses pour la raison.

Cependant les moyens de répression y sont plus rarement nécessaires; la discipline y est plus fortement maintenue.

Pourquoi? — Parce que les Anglais ont une longue coutume de la liberté pratique; parce qu'une tolérance habituelle a prévenu cette espèce de provocation, permanente et chronique chez nous, entre la population et les agents de l'autorité.

La nature humaine est imitatrice. En France surtout il y a des caractères que le spectacle de la lutte incite et attire au combat, quels qu'en soient la forme et l'objet. Ne les provoquez pas par un bruit inutile. Réprimez le zèle excessif des polices de toute sorte. N'écoutez pas ces fanatiques de l'Ordre, qui viennent à chaque instant vous solliciter de tirer le canon contre une mouche.

Gardez vos répressions pour les aggressions préméditées et sérieuses. — Mais alors ne les ménagez pas; frappez énergiquement, et de façon à ce que la leçon reste mémorable.

Il n'y a pas de sermon qui vaille un bon exemple.

DE L'ÉGALITÉ REPRÉSENTATIVE.

(Extrait de la Revue indépendante du 10 Avril 1843.)

La doctrine de l'égalité représentative est la théorie française par excellence (1). Elle résume tout le travail de l'intelligence nationale jusqu'au dix-neuvième siècle. Tout ce que la France a créé en elle-même de grand et de fécond dans le sens de la démocratie, c'est-à-dire de l'avenir, ses lois civiles et son administration puissante ; — tout ce qu'elle a conquis au-dehors d'influence légitime et durable, elle le doit à la première et souveraine explosion de cet instinct de l'équité qui se traduit par la doctrine de l'égalité représentative. Aux yeux de ses amis et de ses ennemis , dans l'opinion de toutes les nations , la France, c'est cette doctrine ; elle est sa personnalité, sa force, son âme.

Depuis qu'elle l'a délaissée, elle semble avoir perdu conscience d'elle-même ; elle passe du marasme aux convulsions ; de la rage militaire aux renoncements les plus honteux ; elle n'a plus le sentiment de sa direction, de son rôle dans le mode, et de son propre avenir. Elle se cherche elle-même et ne se sent pas vivre.

En peut-il être autrement ?

Hors de ce dogme fondamental de l'égalité, où prendrait-elle la notion du pouvoir et la notion de la liberté ? Quelle idée se ferait-elle de la loi et de la justice, et quelle idée de l'obéissance ?

L'obéissance est une abdication momentanée de la volonté et de l'âme, c'est une mort partielle ; pour que l'homme si résigne, il faut que l'équité parle à sa conscience, ou que la force se montre prête à l'y contraindre. Or, le calcul des forces dont le petit nombre peut disposer est trop clairement, trop constamment établi au fond de toutes les intelligences, depuis la révolution de 1789, pour que le grand nombre puisse jamais accepter l'idée d'une contrainte exercée contre lui. D'autres peuples conservent encore une hiérarchie séculaire qui ne choque pas trop violemment leur tranquille nature ; ils n'ont pas passé par les expériences que nous avons faites ; ils peuvent accomplir les évolutions qu'exige le développement de la civilisation matérielle sans se livrer à une dangereuse et continuelle recherche du principe d'autorité. — La

(1) Les fondateurs de la république des États-Unis, Franklin, Washington, Jefferson, étaient anglais par le tempérament, et protestants par la formule, mais leur esprit politique procédait directement de la philosophie française du dix-huitième siècle. Pour s'en assurer, il suffit de se demander si c'est aux fictions de la constitution anglaise qu'ils ont emprunté le sens rigoureux de leur loi politique ; et si, d'un autre côté, le protestantisme avait dans aucun temps et dans aucun autre pays, rien fondé d'analogue à cette loi d'égalité ?

C'est donc sans raison qu'on a imaginé une *école américaine* rivale de l'école française de l'égalité représentative. Cette prétendue école américaine n'est qu'une réalisation partielle de la philosophie française du dix-huitième siècle, accommodée à des lieux, à des mœurs, à des antécédents particuliers. Il est à souhaiter qu'on débarrasse la polémique de cette invention dénuée de sens.

France a renversé tout cet ordre ancien, tous ces pouvoirs traditionnels, et, *à chacun des mouvements importants de sa vie, la question de l'origine de l'autorité doit reparaître inévitablement aussi
longtemps qu'elle n'aura pas constitué une souveraineté rationnelle,
pour la conscience du plus grand nombre.*

En vain se flatte-t-on d'échapper à cette nécessité en produisant
une certaine politique des intérêts, distincte, dit-on, de la politique
des principes. Les intérêts, dans leur généralité, couvrent toujours des principes, et les volontés collectives ne se soumettent pas
plus facilement sur ce point à une loi sans droit.

Cette prétendue politique des intérêts n'est donc qu'un parti pris
d'immobilité, une résolution de ne rien faire de grand, même pour
la civilisation matérielle, aussi longtemps que cette inertie sera
possible.

Le jour où des besoins nouveaux obligeraient à y renoncer, ce
jour-là la question de la souveraineté reprendrait toute son importance et agiterait la société aussi profondément que jamais.

Que ce soit avec une sincérité aveugle ou par une habile hypocrisie que les pouvoirs régnants promettent ces progrès de la civilisation matérielle à laquelle ils paraissent vouloir dévouer aujourd'hui toutes les forces sociales, peu importe. Les besoins nouveaux, inassouvis ou satisfaits, n'en ramèneront pas moins au
centre, au faîte, à la base, dans toutes les régions de la discussion,
cet inévitab'e problème de l'origine de la loi.. Nos pères nous ont
imposé le rationalisme jusque dans les derniers incidents de la vie
politique et civile, et nous sommes plus disposés à tomber, pour
un instant, dans l'athéisme, dans l'indifférence absolue de toute
loi et de tout devoir, que d'accepter une loi fictive et un devoir
conventionnel.

Cet athéisme, nous y touchons. On peut du moins le penser en
voyant régner dans la polémique des *hommes d'affaires* ce singulier
axiome : que la répartition des droits politiques importe peu à
l'ordre et au progrès social ; que le mot de l'avenir n'est pas dans
cette question de droit, etc. Assertion bizarre qui revient à ceci :
peu importe à la santé l'état du cœur, du cerveau, des poumons,
le jeu des fonctions organiques en un mot.

.... L'égalité proclamée en 1789 ne s'arrêtera pas au point
que lui assignait pour limite l'imagination des hommes qui la professaient alors avec un dévouement si fervent. Mais, bornée même
aux réformes tentées par la Constituante, elle rencontrera des résistances qu'on s'explique trop bien quand on considère de quelle
vitalité jouissent encore, dans la plus grande partie de l'Europe,
les institutions, les inégalités qu'il s'agissait d'abattre en France.
Par leur nature, ces institutions étaient réellement solidaires d'un
Etat à l'autre dans l'Europe entière : la noblesse, par son origine
féodale, antérieure à la formation précise des nationalités ; le
clergé, parce qu'il y avait de cosmopolite, d'universel, de catholique en un mot, dans son principe religieux et dans son organisation.

Puisque l'histoire de la révolution est devenue un champ, pour ainsi dire, commun d'hypothèses, n'est-il pas permis de supposer que si la Constituante n'avait pas reculé devant l'application rigoureuse du principe proclamé par elle, la plupart des malheurs qu'elle crut prévenir par cette violation de sa propre loi eussent pu être évités ? Que si, au lieu de limiter arbitrairement par des conditions de cens l'électorat comme l'éligibilité, au mépris de l'égalité représentative, au lieu de pr·téger , par l'exclusion des couches inférieures, l'intérêt du tiers état nouveau-né, à la fois contre le peuple et contre l'aristocratie, elle avait religieusement appelé la nation tout entière à créer les conditions de son existence régénérée, elle aurait anéanti d'avance et l'opposition démagogique des grandes villes, et l'opposition royaliste des campagnes !

Peut-être la révolution eût elle été nominalement moins complète ; peut-être n'eût-elle emporté d'abord que les plus criants abus, et se fût elle bornée à établir la vie civile à peu près comme la réglèrent les codes de Napoléon. Mais aussi quels avantages immenses seraient sortis, pour la France et pour l'Europe, de l'exercice pacifique et incontesté d'une souveraineté si satisfaisante pour la raison et la justice ! Que de sang et de larmes épargnés ! et même que de temps gagné ! Car, qu'avons-nous fait depuis cette époque, et en quoi avons-nous dépassé les premières conceptions de l'Assemblée constituante ?

Quand on se souvient de l'irritation que causa dans l'opinion démocratique la discussion sur le marc d'argent, et les trois journées de travail, exigés des éligibles et des électeurs ; quand on voit quel désespoir s'empara du parti royaliste en se trouvant si faible, dans les assemblées, on ne peut s'empêcher de penser que l'une et l'autre opposition auraient montré moins de violence si elles avaient eu devant elles des voies régulières d'action ; qu'elles y seraient entrées naturellement, sans chercher dans la force un moyen de sauver leur droit, qui devenait en réalité l'intérêt du principe même de la révolution.

L'Assemblée constituante les ferma , à l'une comme à l'autre ; elle condamna l'une et l'autre à la guerre ; et, dans notre profonde conviction, elle prit ainsi l'initiative de cette fausse et étroite politique qui consiste à violer les principes du droit dans le chimérique espoir de sauver le droit. Ceux qui criaient : « Périssent les colonies plutôt qu'un principe ! » ceux-là mêmes ne comprirent pas la grandeur, l'universelle vérité de ce mot ! Ils ne comprirent pas que rien n'a jamais péri par le respect d'un principe ; et qu'au contraire, les principes sauvent tout ce qui s'attache fermement à eux ; qu'en politique, la conscience publique est la force souveraine, et que celui-là s'en sépare, qui se sépare des principes ; qu'il la livre aux ennemis, qu'il crée ainsi un désordre qui doit tourner contre lui, et qu'il est à la fin vaincu par ce qui devait préparer son triomphe !

Politique trop fidèlement imitée par tous les gouvernements et tous les partis qui se succédèrent dans la direction des forces révolutionnaires ! Politique pour ainsi dire obligée, et qu'il faut poursuivre jusqu'au bout une fois qu'on y est entré. Une première violation du droit engendre des obstacles qui ne peuvent être renversés que par des violations nouvelles ; et, de faute en faute, de tactique en tactique. le principe lui-même se trouve enfin en présence d'obstacles si grands, qu'il succombe et laisse, au moins pour un temps, le champ libre à ses ennemis.

L'âme de la révolution française, c'était l'équité politique, c'était l'égalité représentative; tous les partis le pensaient et le disaient au début. Mais la lutte commencée, les individus y portèrent l'égoïsme de leur orgueil, de leurs ambitions, de leurs haines et de leurs frayeurs; ils ne cherchèrent plus dans ce principe qui avait soulevé la nation, qu'une arme pour massacrer leurs ennemis de chaque jour ou pour se sauver eux-mêmes. En dehors de la représentation officielle, en dehors de la nation vraie, ils constituèrent une représentation irrégulière, tumultueuse et violente, dont ils s'emparèrent tour à tour comme d'un esclave, et qui devint successivement leur maître à tous.

Leur paradoxe commun et monotone fut de se donner chacun pour les dépositaires du salut public, et d'employer, par conséquent, à leur profit, la *loi suprême* que ce paradoxe mettait à leur disposition. Chacun d'eux s'efforça donc d'engager la France entière dans la solidarité de ses actes et de leur responsabilité. Tout péril qui les menaçait devenait ainsi un péril public: de sorte que d'excès en excès, de réaction en réaction, le pays, à la fin, fut à la merci de la passion la plus extrême de toutes, d'une passion de quelques hommes, de plus en plus isolés dans leur volonté, et qu'il se vit obligé d'adopter entre eux et le principe même de la révolution.

L'argument fondamental de cette politique empirique, c'était donc la *nécessité*, argument éternel de la force sans droit et sans intelligence et sans humanité.

Il est inutile de rechercher si ce paradoxe fut professé de bonne foi par quelques-uns de ces partis, et quels partis furent plus ou moins coupables dans l'usage qu'ils en firent. Serait-il moins désolant quand on reconnaîtrait qu'en effet ils y crurent tous sincèrement? Qu'en effet, chacun s'imaginait d'identifier la révolution dans sa cause particulière? Et qu'enfin, il est trop vrai que, la première violation commise, les nécessités enchaînées l'une à l'autre les condamnaient tous successivement à une violation de plus en plus audacieuse, de plus en plus désespérée?

.... Constatons donc que le caractère constant de cette guerre fut la violation du droit représentatif, au nom duquel la révolution s'était commencée; constatons que tous les partis successivement furent entraînés par les passions et les accidents de la lutte, loin de ce principe qui avait été le contrat de leurs engagements avec la nation; qu'en déchirant ce contrat, ils tournèrent contre eux cet idéal de l'opinion qui les avait d'abord soutenus; qu'en manquant ainsi, en vue de leur salut particulier, à la loi de leur conscience, ils se rendirent ennemie la conscience publique elle-même; que ce premier et capital mensonge les conduisit à mille autres mensonges de détail, aux tactiques, tantôt les plus mesquines, tantôt les plus sanguinaires; et qu'enfin, blasée par les déceptions, lassée par tant de violences, cette conscience s'endormit, perdit à son tour tout idéal, et n'eût plus foi qu'à un seul principe, celui qui était toujours allégué, toujours triomphant: la *nécessité*, c'est-à-dire la force.

Nous savons tout ce qui peut être dit pour justifier les uns et les autres, car chacun d'eux a encore aujourd'hui ses apologistes ardents. Mais à quoi aboutissent toutes ces plaidoiries? A déclarer que les partis étaient *obligés* de se sauver eux-mêmes.

Car, quant à prouver qu'ils ont sauvé le principe révolutionnaire en violant le droit, qu'ils ont sauvé la France en ôtant à la France le sentiment d'elle-même, c'est ce qu'on n'essaie pas, c'est d'ailleurs ce qu'on essaierait vainement.

Refutez donc la Providence, car c'est elle qui a prononcé! Condamnez donc la France pour protéger la mémoire de quelques hommes, car c'est elle qui est au fond de toute cette histoire!

L'énergie collective et matérielle de la France n'était certes pas épuisée; la magnifique épopée de l'empire le prouve assez; mais sa force morale s'était usée dans cette longue surexcitation de colère et de terreur qui lui avait enlevé jusqu'à la conscience du droit individuel et du devoir collectif.

Consultez le sentiment populaire, notre maître à tous, et voyez quelle impression il a gardée de cette époque, malgré toutes les tentatives de réhabilitation. Nous ne sommes plus au temps où une caste parvenait à fausser la vérité historique. La vérité a désormais un organe inaltérable (1). Ce sentiment populaire d'aversion que personne n'osera nier est juste; il a bien jugé que ce n'était pas l'intérêt démocratique, mais des intérêts particuliers et transitoires qui avaient été le mobile de ces fureurs des partis.

Et en effet qu'a-t-on essayé de réhabiliter? La mémoire de quelques hommes; la nécessité de leurs tactiques, l'habileté de leurs moyens, que l'expérience, hélas! n'a que trop condamnées! Mais le sens primitif, le sens fondamental de la révolution, s'est-on inquiété de le restaurer, de le tirer de cet amas de décombres où il gît étouffé!

Et ceux qui l'ont tenté, n'ont-ils pas toujours substitué leur fantaisie aux indications de l'histoire? N'ont-ils pas cherché avant tout le triomphe d'un système, créé par leur caprice ou leur intérêt personnel, au lieu de s'efforcer de découvrir le vrai sentiment de la nation; son sentiment de la justice tel que la révolution devait le traduire?

De quoi s'agit-il en fait? De la justification de tel ou tel système, de tel ou tel plan d'avenir démocratique imaginé par un homme de ce temps ou de l'époque révolutionnaire? S'agit-il de prouver que ce système devait triompher par tous les moyens, par la force à défaut de la conviction volontaire de la nation?

Non, la révolution n'était légitime qu'autant qu'elle réalisait l'idéal de la nation elle-même, ni plus ni moins; et il ne pouvait se réaliser que par une représentation exacte et inviolable de la volonté générale. Dès que la ruse ou la force intervient pour fausser l'élection, ou pour violenter le corps représentatif, ou pour intimider les organes de l'opinion publique, l'illégitimité commence, et il n'y a pas d'apologie qui puisse consacrer ce qui s'est fait sous cette loi

(1) N'a-t-on pas cherché pourtant à échafauder la thèse d'un grand mensonge historique sur la soustraction de quelques notes dont on accuse le rapporteur Courtois? A quelles extrémités puériles conduit la défense d'une mauvaise cause!

anti-humaine. Dès lors nous ne savons plus rien de la France, nous ne savons plus rien de la démocratie, et une victoire finale eût-elle couronné cette action de la force, il faudrait la flétrir. Qu'est-ce donc quand l'inexorable démonstration de l'expérience a décidé contre elle !

Nous ne savons plus rien de la France, non pas seulement telle qu'elle était sous le régime révolutionnaire, mais même depuis lors.

Quoique en apparence dissous pendant de longues périodes, au milieu des distractions de la guerre extérieure, et des accablements qui suivirent l'invasion, les partis n'en sont pas moins restés sourdement armés et dans la même attitude où les avait laissés la révolution, parce que leur juge commun et souverain ne pouvant être invoqué, il fallait que chacun gardât ses positions pour une lutte qui pouvait recommencer d'un jour à l'autre. Et, chose bizarre , quelques uns sont morts dans cette attitude ; ils y sont demeurés, momies immobiles, avec une apparence de vie, et de vie menaçante !

.... L'opposition parlementaire, en se défendant toujours d'aucune complicité avec les partis extrêmes, n'a pas aperçu que cette solidarité existait malgré elle et par la seule nature des choses. Toutes les fois que le pouvoir a réclamé un sacrifice de la liberté, même contre le texte de la Constitution, il l'a obtenu parce qu'il se déclarait menacé par la force des partis conspirateurs. A la vérité, on s'effrayait assez peu des périls que pouvait courir le gouvernement lui-même ; mais il avait l'art facile de persuader à la majorité que le péril lui était commun avec le pouvoir ; que la conspiration de la force la menaçait comme lui, et cela, nous l'avouons, n'était pas absolument faux, non pas en fait, mais dans les intentions.

De même, tous les progrès que réclamait l'opposition, si insignifiants qu'ils fussent, menaient, dans son intention avouée ou cachée, à d'autres progrès, qui conduisaient à d'autres encore, et de là à l'inconnu, c'est-à-dire à une révolution, dont la majorité ne voulait à aucun prix, car on ne lui offrait aucune réforme qui la mît à l'abri des coups de main et de la dictature des minorités.

Nous disons que ces passions, dont l'opposition craint de voir sortir l'*anarchie*, ne sont pas celles de la majorité libre de la nation, mais celles des partis de minorités qui s'insurgeraient contre la majorité et qui complotent de lui imposer leur volonté par la violence ou la ruse.

Eh bien ! nous disons aussi que tous les palliatifs de l'opposition sont impuissants à conjurer ce danger et l'influence de ce danger sur la nation. Nous disons qu'il n'y a qu'un remède sérieux, c'est la constitution d'une souveraineté qui possède une compétence incontestable pour réprimer les attentats des minorités ; c'est le retour courageux au droit représentatif absolu, sans tactique, sans réserve, sans restriction insidieuse.

Jusque-là l'immobilité sera la loi universelle, car il est impossible de prévoir une cause qui change l'un des termes de la question, laquelle reste identique depuis tant d'années.

Voici les conséquences de cette situation, conséquences certaines et immuables aussi longtemps qu'elle durera.

En vain l'urgence des réformes de toute nature éclatera à tous les yeux ; en vain une évolution profonde, accomplie dans les idées et dans les mœurs, comme dans les intérêts, réclamera, avec une évidence croissante, une évolution analogue dans la position des partis, une modification des institutions politiques et civiles, et même la création d'institutions toutes nouvelles de prévoyance, de charité, de solidarité sociale ; en vain le rôle de l'opposition paraîtra-t-il devoir s'élever jusqu'à une mission solennelle de paix, de justice et d'humanité : l'opposition continuera cette vaine guerre de tactique, ces querelles hargneuses sur des points sans valeur finale ; elle le fera sans obtenir jamais même une de ces puériles victoires auxquelles elle tend depuis douze ans, en s'alanguissant chaque jour davantage, jusqu'à ce qu'elle-même se demande si elle a une raison d'être.

En vain le pouvoir comprendra-t-il qu'il s'affaiblit au dedans, qu'il ne vit plus que pour la corruption qu'il opère et par celle dont il est objet ; que, dominé par mille intérêts collectifs et individuels, il ne peut plus rien pour l'intérêt national, qu'il n'a plus en lui de force propre, et qu'entre ses mains l'administration s'embarrasse et ne fonctionne plus ; —en vain sentira-t-il qu'au dehors il abandonne les destinées naturelles de la France ; qu'il l'abaisse et sera condamné à l'abaisser toujours à chaque événement qui pourrait amener un conflit, faute d'oser répondre d'elle, soit pour la guerre, soit pour la paix ; en vain tous ces motifs sembleraient devoir pousser chacun à un mouvement décisif : —tout restera paralisé jusqu'au jour où l'une des causes du mal aura grandi au point de rompre cet équilibre douloureux et faux, et de jeter de nouveau la France dans des agitations sans règle, dans des réactions sans limite, dans des malheurs sans compensation.

Sans compensation, en effet, car la révolution se ferait réellement contre le sentiment de la majorité ; car elle n'avancerait point d'un seul pas les convictions générales sur le droit.

S'il fallait, sous peine de laisser une impression indécise, indiquer les termes mêmes de la réforme représentative que nous croyons la plus immédiatement nécessaire après celle de la presse, nous le ferions sans hésitation.

L'élection à deux degrés, sans aucune condition artificielle de cens, ni au premier, ni au second degré, ni pour l'éligibilité, donne pleine satisfaction au droit de l'égalité représentative ;

Elle est d'une réalisation administrative facile et simple ;

Elle rentre dans les termes de la constitution régnante, et n'oblige à rien qui ressemble à un coup d'État ;

Enfin elle n'effraierait aucune classe, aucun intérêt distinct. Elle renferme toutes les garanties de l'ordre en même temps que toutes les promesses de progrès. Elle est la pensée plus ou moins secrète d'une foule d'esprits élevés de tous les partis qui s'y dévoueraient avec ardeur, dès qu'ils la verraient arborée comme un drapeau, et le public serait bien surpris s'il nous était permis de lui faire la confidence des adhésions que nous y avons trouvées dans la région la plus élevée du pouvoir.

Elle ne rencontre que deux objections, et toutes deux fort vagues :

La première, c'est que le mandat indirect à moins de force, est une traduction moins fidèle de la pensée publique.

Mathématiquement, on ne le prouve pas. La traduction est tout aussi fidèle, plus fidèle même, car elle fond mieux ensemble toutes les nuances; elle tient un compte plus exact de tous les votes; enfin elle assure plus certainement le concours de toutes les capacités, si aucune n'est éloignée par des conditions fictives de cens.

Le raisonnement sur lequel s'appuie cette objection condamnerait toute délégation et le gouvernement représentatif lui-même. Il nous conduirait à l'action immédiate, directe de l'individu, c'està-dire à la rupture du lien social.

Si donc la délégation est nécessaire, il faut chercher celle qui est le plus praticable et la moins inexacte.

La seconde objection n'est pas de droit, mais de fait. Le suffrage à deux degrés livrerait, dit-on, l'élection au parti légitimiste.

Si nous consultons ce qui se passe pour les élections municipales, même dans les campagnes autrefois les plus portées au royalisme, nous verrons qu'il y règne en général une jalousie des supériorités locales qui ferait plutôt naître des craintes tout opposées

Mais, du reste, nous déclarons n'avoir aucune de ces frayeurs dont on a tant de fois abusé contre le droit réel et sérieux du peuple. Nous ne craignons aucun des éléments sociaux aujourd'hui vivants, pourvu qu'ils se bornent à une fonction ouverte et régulière. Nous sommes pour la sincérité représentative sans réserve et sans exception; si l'opinion légitimiste, que nous regardons comme fort éloignée de toute espérance sérieuse de domination, est un élément important dans le pays, il faut qu'elle ait sa part dans la représentation. Toutes les ruses par lesquelles on chercherait à l'en priver ne sont imaginées qu'au profit de la grande tranquillité des gens qui exploitent l'administration du pays.

Sachons enfin entrer pleinement dans le sentiment de la famille politique; sachons en accepter avec courage les risques, s'il y en a, en vue des avantages certains, immenses, que nous promet un régime de sincérité, fondé fermement sur le droit, sur le respect de la souveraineté sociale, sur une confiance sans restriction dans la justice, dans la vérité, dans les destinées de notre patrie et de l'humanité.

FIN DE LA PREMIÈRE PARTIE